Marion Thielmann

Trolle und Teufelchen

Fensterbilder aus Tonkarton

frechverlag

Im frechverlag erscheinen ständig neue Bücher zu aktuellen Kreativ-Themen. Hier eine Auswahl aus über 700 Titeln:

TOPP 1935

TOPP 1938

TOPP 1951

TOPP 2071

TOPP 2047

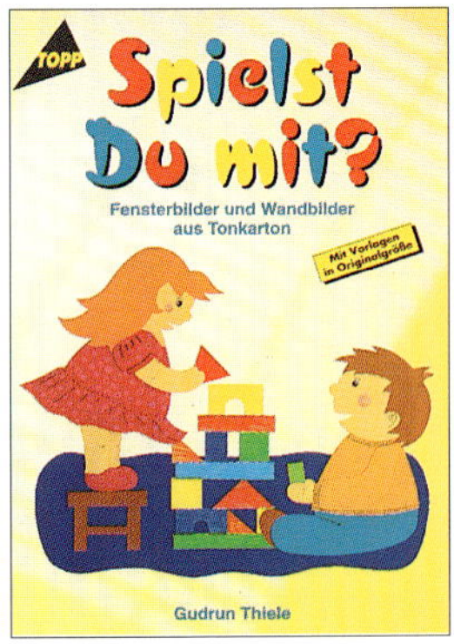

TOPP 2046

Für Jan

Fotos: frechverlag GmbH + Co. Druck KG, 70499 Stuttgart;
Rudolf Fotodesign, Stuttgart

Auflage:	6.	5.	4.	3.	2.	Letzte Zahlen
Jahr:	2000	99	98	97	96	maßgebend

ISBN 3-7724-1999-2 · Best.-Nr. 1999

frechverlag GmbH + Co. Druck KG, D-70499 Stuttgart
Druck: frechverlag GmbH + Co. Druck KG, D-70499 Stuttgart

Haben Sie auch schon einmal beim Waldspaziergang die Blätter rascheln gehört und den feuchten Waldboden gerochen? Nur wenige Menschen haben das Glück zu bemerken, daß alles anders ist, als es auf den ersten Blick scheint:
Manchmal sind die Bäume Höhlen, und das Rascheln kommt von kleinen Trollen, die durch den Wald toben und mit leckeren Erdsuppen für den Duft des Waldes sorgen.
Bislang war es im Trollenwald immer ruhig und friedlich, doch dann kamen sie:
Die Teufel !!!
Wenn Sie wissen wollen, wie es nun im Trollenwald zugeht, schauen Sie sich die lustigen Spiele und Späße der Trolle und Teufel doch mal an!
Die Teufelchen geraten außer Rand und Band.
Sie fliegen, schlagen Purzelbäume und sind zu allem Schabernack bereit. Mutter Troll kocht Erd- und Kräuterbrühe und Opa Teufel erzählt seinem Enkelsohn die schönsten Geschichten ...

Viel Spaß beim Basteln all denen, die ihre Fantasie noch nicht verloren haben !!!

Marion Thielmann

Allgemeines zur Herstellung von Fensterbildern:

Man benötigt:

- ✔ Tonpapier und Tonkarton in verschiedenen Farben
- ✔ Transparentpapier für die Schablonen
- ✔ Eine spitze Schere
- ✔ Einen Bleistift
- ✔ Einen dünnen schwarzen Filzstift
- ✔ Einen Locher
- ✔ Deckweiß
- ✔ Eine Nadel
- ✔ Garn
- ✔ Wolle

1. Schablonen herstellen
Man paust mit Butterbrotpapier die einzelnen Konturen vom Vorlagenbogen ab. Nun klebt man dieses Papier auf ein Stück feste Pappe (eventuell bereits Tonkarton) und schneidet die Schablonen aus.

2. Fensterbilder ausschneiden:
Nachdem man die Umrisse der Schablonen auf das Tonpapier (wird benutzt bei kleinen Teilen, die auf einen festen Untergrund geklebt werden) oder den Tonkarton (wird benutzt bei großen Teilen, die den Untergrund darstellen) mit Bleistift übertragen hat, schneidet man alle Teile mit einer spitzen Schere aus.

Vervollständigung der Fensterbilder:
Der Pelz und die Augen werden mit weißer Farbe, z.B. Jeans-Farbe von Hobbidee aufgemalt. Mit einem Locher einen schwarzen Tonpapierpunkt ausstanzen und nach dem Trocknen der Farbe als Pupille aufkleben. Den Augenfleck mit Farbe malen. Die Münder, Fuß- und Fingernägel etc. werden mit einem dünnen schwarzen Filzstift aufgezeichnet.

Abwandlung des Fensterbildes:
Möchte man ein Fensterbild frei aufhängen, kann man die Rückseite und die Vorderseite gestalten. Die Teile müssen dann doppelt ausgeschnitten und spiegelverkehrt aufgeklebt werden.

Dieser Arbeitsschritt wiederholt sich bei jedem Fensterbild:
Die Augen mit weißer Farbe, z.B. Jeansfarbe von Hobbidee aufmalen. Mit einem Locher einen schwarzen Tonpapierpunkt ausstanzen und nach dem Trocknen als Pupille aufkleben. Den Augenfleck mit weißer Farbe malen.

Setz dich zu mir

Am Trollkörper das Gesicht (gestrichelte Linie) mit der Nase und die Blätterkette befestigen. Den Bauchpelz mit Farbe aufmalen. Nach dem Trocknen die Arme, den Schwanz und die Schwanzquaste befestigen, dann die Füße auf den Körper kleben.

Die Beine unter den Körper schieben und ankleben. Auf die Kette die drei Blätter kleben und auf dem Gesicht die Nase anbringen. Mit einem dünnen schwarzen Filzstift Nasenlöcher, Mund, Blattadern, Fuß- und Fingernägel und Augenbrauen einzeichnen.

Luzifer

Am Körper (durchgezogene Linie) die Nase, die Schwanzquaste und die Haare ankleben.

Mit dem Locher Knopflöcher in das Westenteil stanzen und aufkleben.

Die Hörner am Haar anbringen. Den Westenkragen an den Westenteilen befestigen.

Den Nackenkragen (punktierte Linie) von hinten ankleben.

Mit einem dünnen schwarzen Filzstift den Mund, die Fuß- und Fingernägel, die Innenohren, die Augenbrauen, die Bauchfalte und den Bauchnabel einzeichnen.

Zuletzt die Zähne in den Mund kleben.

Mistwetter

Auf den Körper (durchgezogene Linie) das Gesicht (punktierte Linie) kleben.

Mit weißer Farbe den Bauchpelz malen.

Den Arm, die Schwanzquaste und die Füße am Körper anbringen.

Die Nase auf das Gesicht kleben.

Den Blätterstiel und die Wolke unter das Blatt schieben und festkleben.

Die Regentropfen anordnen.

Das Blatt auf den Körper kleben.

Die Hand darauf anbringen.

Mit einem dünnen schwarzen Filzstift den Mund, die Blattadern, die Fingernägel, die Fußballen und die Augenbrauen aufzeichnen.

Mein bester Freund

Auf dem Körper (durchgezogene Linie) die Nase, die Schwanzquaste und die Haare anbringen.

Die Hörner (punktierte Linie) auf dem Haar anbringen.

Den Baby-Monsterkopf auf den Monsterkörper kleben und auf dem Teufelskörper befestigen.

Die Teufelfüße (gestrichelte Linien) und den linken Arm auf den Körper kleben.

Die Monsterarme über den Teufelarm und den Teufelfuß hängen lassen und ankleben.

Den zweiten Arm unter den Teufel schieben und befestigen (beachten, daß die Hand auf dem Monsterchen liegt!).

Den großen Schnullerkreis etwas über die Nase kleben, darauf den Ring (durchgezogene Linie) befestigen.

Den kleinen Schnullerkreis darauf anbringen.

Das Kissen unter den Teufel schieben und ankleben.

Mit weißer Farbe die Monsteraugen aufmalen.

Mit einem dünnen schwarzen Filzstift die Fingernägel, die Innenohren, die Teufelaugen, die Augenbrauen und den Monstermund aufmalen.

Der teuflische Reiter

Auf den Körper die Haare, die Schwanzquaste, die Nase und den Umhang kleben. Auf den Haaren die Hörner und zum Teil das Ohr anbringen. Die Gabel unter den Teufel schieben und ankleben.

Den Arm am Körper und an der Gabel fixieren. Mit einem dünnen schwarzen Filzstift den Mund, die Fuß- und Fingernägel, das Innenohr und die Augenbraue einzeichnen. Zuletzt einen Zahn in den Mund kleben.

Die Kanufahrt

Die Kanufahrt

Das große Blatt von vorne auf der unteren Körperhälfte des Trolls befestigen. Hinter die Blattspitze den Stiel kleben, auf dem Blatt den See plazieren. Auf den Körper das Gesicht (gestrichelte Linie) und die Schwanzquaste kleben. Auf dem Gesicht die Nase anbringen. Den Fuß ein Stück unter das Blatt schieben und befestigen. Den Bauchpelz mit weißer Farbe aufmalen. Nach dem Trocknen den rechten Arm auf den Körper kleben, den linken Arm an der Rückseite des Körpers befestigen.

Blume:
Das Blatt von vorne an den Stiel kleben, von der Rückseite die Blüte befestigen. Die Blume unter die rechte Hand schieben und festkleben, die zweite Hand von vorne am Stiel fixieren. Die Stielspitze am See anbringen. Mit einem dünnen schwarzen Filzstift die Nasenlöcher, den Mund, die Blattadern, die Fuß- und Fingernägel, die Augenbrauen und die Wasserkreise aufzeichnen.
Einen weißen Zahn aufkleben.

Muttis ganzer Stolz

Trollmutter:
Am Kopf das Gesicht und ein Blatt befestigen. Mit wenig Klebstoff das längliche Blatt und die Beine an die Rückseite des Körpers kleben. Die Nase auf dem Gesicht befestigen. Die Arme auf den Körper kleben. An den Handflächen keinen Klebstoff benutzen, um das Baby nachträglich unterschieben zu können.

Trollbaby:
Am Körper die Nase befestigen. Das kleine Blatt an den Stiel kleben, dann die Blüte hinter den Stiel schieben und fixieren. Die fertige Blume von hinten an die Trollhand kleben, den Arm auf dem Körper befestigen. Die Beine an der Rückseite des Babytrollkörpers anbringen.
Das Baby auf den großen Troll kleben. Dabei beachten, daß ein Teil unter den Händen der Mutter verschwindet. Den Brustpelz mit weißer Farbe aufmalen. Mit einem dünnen schwarzen Filzstift Nasenlöcher, Münder, Blattadern, Fuß- und Fingernägel und die Augenbrauen einzeichnen.

Juchhuuh

Großer Teufel:
An den Körper die Nase, die Schwanzquaste, den Arm und die Haare kleben. Die Hörner auf den Haaren (gestrichelte Linie) anbringen.
Das Ohr so ankleben, daß es ein Stück der Haare verdeckt.

Kleiner Teufel:
An den Körper die Nase, die Schwanzquaste, das Ohr und die Haare kleben.

Auf den Haaren die Hörner (punktierte Linie) anbringen. Mit einem dünnen schwarzen Filzstift das Auge, die Münder, die Fuß- und Fingernägel, die Augenbraue, die Bauchfalte, den Bauchnabel und die Innenohren einzeichnen.

Den großen Teufel mit der Hand am kleinen Teufel festkleben, dann den Arm des kleinen Teufels befestigen und auf der Hand des großen ankleben. Zuletzt die Zähne fixieren.

Ich nenn' sie Teufli

Auf den Oberkörper die Hose kleben.

Die Schwanzquaste auf dem Schwanz befestigen.

Den Schwanz und den Fuß unter die Hose schieben und festkleben.

Auf dem Kopf die Nase und die Haare fixieren. Auf den Haaren die Hörner anbringen.

Die Katze mit dem Arm des Teufelchens verbinden.

Mit einem weißen Stift die Katzenkonturen aufmalen, mit weißer Farbe die Innenohren und das Auge andeuten.

Mit einem dünnen schwarzen Filzstift Mund, Fuß- und Fingernägel, Innenohren, Augenbrauen, Bauchfalte, Bauchnabel und Katzenpupille einzeichnen.

Zuletzt die zwei Zähne in den Mund des Teufels kleben.

Ich will Spaß, ich geb' Gas!

Den Kopf auf den Körper kleben, die Klebestelle mit dem Schal verdecken. An den Körper die Schwanzquaste, die Nase, einen Arm und die Haare kleben. Den zweiten Arm von hinten befestigen. Die Hörner auf dem Haar anordnen. Auf das Rollerbrett die Räder kleben, die Lenkstange unter das Vorderrad schieben und ankleben.
Nun die Griffe (punktierte Linien) anordnen.

Den Teufel mit dem linken Fuß auf das Brett kleben, die Hände an der Lenkstange befestigen, das rechte Bein von hinten anbringen. Die Augen werden mit weißer Farbe gestaltet. Mit einem dünnen schwarzen Filzstift den Mund, die Innenohren, Fuß- und Fingernägel, die Augenbrauen, die Bauchfalte und den Bauchnabel aufmalen.
Zuletzt zwei weiße Zähne in den Mund kleben.

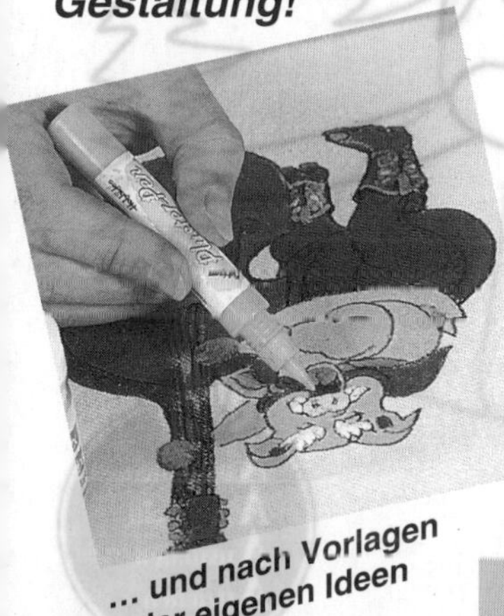

Ausschneiden
Aufbügeln
Ausmalen
Anziehen

TOPP

Bügelprobe zum Ausprobieren

Motive aus TOPP-Nr. 1999

Trendstarke Motive für Kreative

Ausschneiden
Aufbügeln
Ausmalen
Anziehen

Original
Hobbidee
Transfers
für die
Seidenmalerei,
Stoffmalerei,
für Dekorationen,
für Karten und mehr ...

X-beliebig
multiplizierbar,
kombinierbar,
variierbar.
Bis 10 mal abbügelbar!

07-016 73
Lui, der Löwe
11 Motive von 11-23 cm

07-016 72
Die Gnominis
12 Motive von 11-23 cm

07-016 56
Fröhliche Elefanten
10 Motive von 6-21 cm

07-014 82
Dinosaurier III
Lustige Sticker-Vorlagen
von 5-12 cm

07-015 71
Pinguine und Familie Seehund
18 Motive von 7-20 cm

frechverlag

Der Drachenbändiger

Auf den Körper das Gesicht, den Arm und die Schwanzquaste kleben. Die Beine unter den Körper schieben und befestigen. Die Nase auf das Gesicht kleben. Die Wolke von hinten an dem Kopf des Trolls plazieren, die Hand nicht festkleben. Die Blätter auf die Drachenschnur kleben. Den Drachen auf der Wolke anbringen, die Schnur unter die Trollhand schieben.

Den Troll auf dem gelben Untergrund plazieren. Den Bauchpelz aufmalen. Mit einem dünnen schwarzen Filzstift das Nasenloch, den Mund, die Blattadern und die Fuß- und Fingernägel einzeichnen.

Mutter kocht

Flieg nicht zu hoch, mein kleiner Freund

Mutter kocht

Mit weißer Farbe den Bauchpelz aufmalen. Auf den Körper das Gesicht, die Schwanzquaste, den Arm, das Schürzenband und die Blüte kleben. Die Nase auf dem Gesicht anbringen.

Den Fuß an der Hinterseite anbringen. Unter das Blatt den Stiel kleben und beides auf dem Schürzenband befestigen. Auf die Blüte den Blütenpunkt kleben.

Den Löffel von hinten am Topf befestigen. Dann die kleine Wolke von hinten an den Löffel und den Topf kleben. Den Topf auf dem Baumstumpf plazieren und alles auf der Grasfläche anbringen.

Den Löffel dabei zwischen die Finger schieben und ankleben. Nachdem das Auge gemalt wurde, das Augenlid (punktierte Linie) fixieren.

Mit einem dünnen schwarzen Filzstift das Nasenloch, den Mund, die Fuß- und Fingernägel, die Henkelzwischenräume und die Blattadern aufzeichnen.

Flieg nicht zu hoch, mein kleiner Freund

Am Körper des Teufelchens die Haare, die Schwanzquaste, die Nase und die Arme befestigen. Auf die Haare die Hörner kleben. Dann das Ohr fixieren.

Den Flügel und die Innenohren auf der Fledermaus anbringen. Den Teufel auf die Fledermaus kleben. Mit einem dünnen schwarzen Filzstift den Mund, das Innenohr, Fuß- und Fingernägel, die Mäusenase und das Auge aufzeichnen. Dann einen weißen Zahn in den Mund des Teufelchens kleben.

Für Dich!

Auf die Grundform (durchgezogene Linie) die Haare, die Nase und das Hemdteil (punktierte Linie) kleben. Auf das Hemdteil erst die Jackenteile (gestrichelte Linien), dann darauf den Kragen und die Manschette kleben. Die Schwanzquaste am Schwanz anbringen. Den Schwanz am Körper festkleben, so daß er vor der Hand plaziert ist. Auf dem Hut die Hutkrempe befestigen. Nun den Hut am Kopf festkleben. Die Hörner von hinten anbringen. Die Blumen auf den Strauß kleben.

Die Blätter nur an der Falzkante befestigen, damit sie plastisch aussehen. Tonpapierpunkte mit einem Locher ausstanzen und als Blütenpunkte aufkleben. Den Strauß an den Arm kleben, die obere Hälfte jedoch von hinten am Kopf befestigen. Die Hand und den Daumen auf den Stielen anbringen. Mit einem dünnen schwarzen Filzstift den Mund, die Innenohren, die Fuß- und Fingernägel, die Augenbrauen und die Knöpfe aufzeichnen.

Abgehoben

An den Körper die Schwanzquaste und den Rock kleben. Den Gürtel befestigen und darauf die Gürtelschnalle anbringen. Auf den Kopf die Haare und die Nase kleben. Auf den Haaren die Hörner und die Schleife befestigen. Das zweite Haarteil von hinten an den Kopf kleben. Den dunkelblauen Ballon auf den gelben und den hellblauen auf den dunkelblauen kleben. Die Haltebänder anbringen und die Enden auf dem hochzeigenden Arm anbringen.

Die Hand über die Bandenden kleben. Nun den Kopf des Teufelchens befestigen. Nach dem Aufmalen der Augen die Augenlider fixieren. Mit einem dünnen schwarzen Filzstift den Mund, die Innenohren, die Fuß- und Fingernägel und die Gürtelschnalle aufzeichnen. Zwei Zähne in den Mund kleben.

Blumenkind

Blumenkind

Trollmutter:
Am Körper (durchgezogene Linie) das Gesicht und die Schwanzquaste ankleben. Das Schleifenband und das Trägerband (punktierte Linien) am Körper befestigen, darauf die Blätter fixieren. Auf das Gesicht die Nase kleben, dann den Arm am Körper befestigen. Das Bein unter den Körper schieben und von hinten festkleben.

Trollkind:
Arm und Schwanzquaste auf den Körper kleben. Die Nase auf dem Gesicht, die Blumen auf der Stirn befestigen. An die Körperrückseite das Bein kleben. Mit weißer Farbe den Bauchpelz aufmalen. Mit einem dünnen schwarzen Filzstift die Nasenlöcher, die Münder, die Finger- und Fußnägel, die Augenbraue und die Blütenpunkte einzeichnen. Den Felsen auf der Grasfläche anbringen und darauf die Trolle plazieren. Das Augenlid der Mutter fixieren.

Wahre Troll-Liebe

Trollmann und Trollfrau werden gleich angefertigt:
Mit weißer Farbe den Bauchpelz aufmalen.
Nach dem Trocknen das Gesicht, die Nase, die Schwanzquaste und den Arm am Körper anbringen. Den Fuß unter den Körper schieben und festkleben.

Trollfrau:
Erst das Blatt, dann die Blüte und zuletzt den Blütenpunkt am Kopf festkleben. Die Augenlider im Gesicht anbringen. Die Trolle so zusammenschieben, daß sich die Arme überkreuzen. Mit einem dünnen schwarzen Filzstift die Nasenlöcher, die Münder, die Blattadern, die Fuß- und Fingernägel, die Augenbrauen und die Wimpern einzeichnen.

Mein kleiner Schatz!

Teufelsjunge:
In die Weste mit dem Locher Knopflöcher einstanzen. Auf die Grundform (durchgezogene Linie) die Schwanzquaste, die Nase, die Haare und die Weste kleben. Auf den Haaren ein Horn von vorne anbringen, das andere unterschieben und von hinten festkleben. Auf der Weste den Kragen plazieren. Das Ohr und den Arm anbringen.

Teufelsmädchen:
Auf den Körper die Schwanzquaste, die Nase, die Haare (gestrichelte Linie), den Arm, das Ohr und den Rock kleben. Auf den Haaren von vorne die Schleife und ein Horn anbringen, das andere unter die Haare schieben und festkleben.

Die Blüte auf dem Stiel fixieren, den Blütenpunkt mit weißer Farbe aufmalen. Die Blume unter die Hand des Teufelsjungen schieben und festkleben. Die Teufelchen auf dem Rasenstück plazieren. Nach dem Aufmalen des Auges das Augenlid des Mädchens aufkleben. Mit einem dünnen schwarzen Filzstift die Münder, die Innenohren, die Fuß- und Fingernägel, die Augenbrauen, die Bauchfalte und den Bauchnabel einzeichnen. Die Zähne des Jungen einkleben.

Spiel mit mir!

Beide Trolle werden gleich angefertigt: Mit weißer Farbe den Bauchpelz aufmalen. Auf den Körper das Gesicht und den Arm kleben. Die Beine unter den Körper schieben und festkleben.

Den lila Regenbogen auf den blauen und den gelben auf den lilafarbenen kleben, die Trolle auf dem Regenbogen anbringen und auf dem Rasenstück plazieren.

Auf dem Gesicht die Nase anbringen.

Beim rechten Troll die Schwanzquaste auf den Schwanz kleben. Die Blätter auf die Stiele kleben, den Trollen unter die Hände schieben und befestigen.

Die Eichel zusammenkleben und am „Schläger" anordnen.

Mit einem dünnen schwarzen Filzstift die Münder, die Fuß- und Fingernägel, die Blattadern und das Eichelmuster aufzeichnen.

Träume süß

Erzähl mir mehr, Opa!

Träume süß

Auf den Körper (durchgezogene Linie) das Gesicht, den Arm, die Schwanzquaste und die Blätter kleben. Die Nase und das Augenlid am Gesicht anbringen. Die Beine unter den Körper schieben und festkleben. Die Baumstumpffläche (punktierte Linie) auf den Stumpf kleben und auf der Grasfläche plazieren. Den Troll anordnen und festkleben. Nun den Mond hinter den Troll schieben und befestigen. Mit einem dünnen schwarzen Filzstift die Blattadern, den Mund, das Nasenloch, die Fuß- und Fingernägel, die Wimpern und die Holzmaserung einzeichnen.

Erzähl mir mehr, Opa!

Teufelsopa:
Auf dem Körper die Schwanzquaste, den Bart, die Hörner, die Haarteile und den Arm anbringen. Auf den Bart die Nase kleben.

Teufelskind:
Auf den Körper die Schwanzquaste, die Haare und die Nase kleben. Die Knopflöcher mit einem Locher aus der Weste stanzen. Die Weste aufkleben. Auf den Haaren die Hörner befestigen. Den Kragen (punktierte Linie) und den Arm auf die Weste kleben. Das Ohr so ankleben, daß es ein Stück über die Haare reicht.
Den kleinen Teufel auf den Opa kleben. Nun die Hand des Opas anbringen. Den Baumstumpf auf die Grasfläche kleben und die Teufel darauf plazieren. Mit einem dünnen schwarzen Filzstift die Münder, die Fuß- und Fingernägel, die Innenohren und die Augenbrauen aufmalen. Dann die Zähne in den Mund kleben.

Gut festhalten

Auf den Kopf die Haare und die Nase kleben. Auf den Haaren die Hörner anbringen. Die Schwanzquaste auf den Schwanz kleben, den Pullover (gestrichelte Linie) auf dem Körper befestigen. Den Pulloverbund anordnen.

Den Pulli ein Stück unter den Mond schieben und ankleben. Die Hände auf den Mond kleben und den Stern freihängend mit einem Faden anbringen. Nun den Kopf anordnen. Mit einem dünnen schwarzen Filzstift den Mund, die Fuß- und Fingernägel, die Augenbrauen, die Bauchfalte, den Bauchnabel, die Pullistreifen und die Bündchenstreifen aufmalen.

Auf zum Pilzesammeln!

Großer Troll:
Auf dem Körper das Gesicht und den linken Arm befestigen. Die Hand nicht mit Klebstoff versehen. Die Schwanzquaste an den Schwanz kleben und am Körper anbringen. Auf dem Gesicht die Nase fixieren. Die Beine und den rechten Arm unter den Körper schieben und von hinten anbringen.

Kleiner Troll im Wagen:
Das Gesicht auf den Kopf (durchgezogene Linie) kleben. Die Blume auf dem Kopf plazieren, darauf den Blütenpunkt kleben. Die Schwanzquaste am Schwanz befestigen.

Die einzelnen Latten (punktierte Linie) auf die Wagengrundform (durchgezogene Linie) kleben. Den Troll unter den Handwagen schieben und festkleben. Die Hände auf dem Wagen plazieren, die Räder aufkleben und den Schwanz an der Rückseite befestigen. Den Wagengriff ankleben, die obere Leiste unter den Daumen des großen Trolls schieben und festkleben. Die Nase auf dem Trollengesicht des Kleinen anordnen. Die Trolle auf dem Rasenstück plazieren. Mit weißer Farbe den Bauchpelz aufmalen. Zuletzt mit einem dünnen schwarzen Filzstift die Münder, die Fuß- und Fingernägel und die Holzmaserung einzeichnen.